RECHERCHES

SUR LES

COMMENTAIRES DE CHARLES-QUINT;

PAR

M. ARENDT,

MEMBRE DE L'ACADÉMIE ROYALE DE BELGIQUE.

BRUXELLES,

M. HAYEZ, IMPRIMEUR DE L'ACADÉMIE ROYALE DE BELGIQUE.

—

1859.

RECHERCHES

COMMENTAIRES DE CHARLES-QUINT.

Extrait des *Bulletins de l'Académie royale de Belgique*,
2me série, tome VI, n° 2.

RECHERCHES

sur les

COMMENTAIRES DE CHARLES-QUINT;

par

M. ARENDT,

MEMBRE DE L'ACADÉMIE ROYALE DE BELGIQUE

BRUXELLES.

M. HAYEZ, IMPRIMEUR DE L'ACADÉMIE ROYALE DE BELGIQUE.

1859.

RECHERCHES

SUR LES

COMMENTAIRES DE CHARLES-QUINT.

I.

Il est peu d'époques dans l'histoire moderne sur lesquelles le zèle et les recherches des historiens de nos jours se soient exercés avec plus de succès que sur celle qui comprend les règnes de Charles V et de son fils. Aussi peut-on dire que le jour commence à être complet sur les grands événements qui marquent cette période, et il doit être permis de réclamer pour la Belgique une bonne part dans le mérite d'avoir fait luire la vérité là où des appréciations inexactes, une connaissance insuffisante des faits, l'étude incomplète des caractères, ne l'avaient que trop longtemps altérée ou obscurcie. En effet, ce progrès dans la connaissance approfondie des temps qui forment comme l'entrée de l'histoire moderne, est dû d'abord et principalement aux efforts qui ont été faits pour tirer de l'oubli qui les couvrait les documents authentiques de toute espèce, contemporains des événements et renfermant des sources précieuses par leur richesse autant que par leur authenticité. C'est à ces sources rendues accessibles par la libéralité du gouvernement et le zèle de nos savants, que sont venus puiser les historiens dont les travaux ont illustré cette grande époque, qui fait sentir encore chaque jour son influence dans presque toutes les questions de la politique européenne.

Toutefois, en examinant de plus près ces grands recueils, je n'ai jamais pu me défendre d'un très-vif sentiment de regret. Pour l'histoire du plus grand règne du XVIme siècle et d'un des plus grands de tous les temps, la source principale, dont la valeur et l'importance devaient dépasser et de loin celles de toutes les autres, nous manque. On sait que Charles V a écrit sur son règne des commentaires dont il indiqua lui-même le caractère et la portée, en disant qu'il les composait pour faire connaître la vérité obscurcie soit par l'ignorance, soit par les assertions et les passions particulières des historiens de son temps. Que sont devenus ces commentaires? La classe se rappelle sans doute que, dans deux notices lues, l'une en 1845, l'autre en 1854, et dans un paragraphe de la préface du second tome de son ouvrage sur la retraite et la mort de Charles V au monastère de Yuste (1), notre savant et honorable confrère, M. Gachard, a donné à cette question une réponse qui laisse peu ou point d'espoir de retrouver jamais cette œuvre du grand Empereur, dont Philippe II aurait privé la postérité en la faisant détruire de son vivant ou après sa mort.

Cette réponse imposée à notre honorable confrère par les matériaux que son zèle avait su réunir, je ne l'acceptais, je l'avoue, qu'à regret. Tout en reconnaissant que l'opinion de mon savant ami se fondait sur les documents les plus authentiques, les indices les plus irrécusables, je ne cessais de me demander : cette œuvre précieuse aurait-elle

———

(1) Voy. *Bulletins de l'Académie royale des sciences et lettres de Bruxelles*, tome XII, 1re partie, 1845, pp. 2 et suiv.; tome XXI, 1re partie, 1854, p. 502, et *Retraite et mort de Charles Quint au monastère de Yuste*, par M. Gachard, tome II, p. XXVI, XII.

réellement péri tout entière, et faut-il s'interdire l'espoir d'en retrouver, à force de recherches, quelque chose, ne fût-ce que des fragments, des extraits, un résumé peut-être? N'y aurait-il aucun moyen de savoir de son caractère et de sa forme plus que n'en disent les rares et maigres notices que nous en possédons? Cette pensée me préoccupa, m'obséda longtemps, et finit par me déterminer à entreprendre une nouvelle étude de la question, dans laquelle je n'épargnerais aucune peine, je ne reculerais devant aucun effort pour arriver à un résultat qui pût satisfaire mon désir. Je viens maintenant demander à la classe la permission de lui rendre compte de ces nouvelles recherches. Si, pour une partie de la question, celle qui concerne l'ouvrage original de Charles V, mes conclusions sont les mêmes que celles de l'honorable M. Gachard, j'exposerai, d'un autre côté, des faits sur lesquels jusqu'ici l'attention ne s'est guère portée et qui soulèvent une question nouvelle, susceptible peut-être d'une solution moins défavorable pour les intérêts de l'histoire.

Que la classe me permette encore de lui dire un mot sur la marche que j'ai suivie dans ces études. J'ai d'abord recherché tout ce que nos sources renferment sur l'époque, sur l'occasion et sur les circonstances de la rédaction des commentaires de Charles V, dont je me suis en même temps appliqué à saisir le caractère, la portée et connaître le sort probable. J'ai voulu savoir ensuite ce que les historiens et d'autres auteurs, soit contemporains, soit plus récents, ont dit de ces commentaires. A cet effet, mon attention s'est portée sur les mentions qui en ont été faites par des auteurs belges, italiens, français et espagnols, et j'ai recherché la source à laquelle ces mentions ont été puisées, afin d'en déterminer la valeur et l'importance. En dernier lieu, j'ai relevé et examiné d'une manière plus approfondie un certain nombre de faits nouveaux qui ont conduit mes recherches dans une voie non encore essayée.

Avant d'aborder mon exposé, je dois remplir un devoir qui m'est bien cher, celui de remercier nos honorables confrères, MM. Gachard et Éd. Fétis, de l'assistance empressée et bien utile qu'ils m'ont prêtée, chacun dans la sphère de ses attributions spéciales, et qui ne s'est pas démentie un seul instant dans le cours de ces longues et souvent laborieuses recherches.

II.

L'empereur Charles V avait passé l'hiver de 1549 à 1550 dans les Pays-Bas, où son fils Philippe était venu le rejoindre pour voir reconnaître son droit à la succession par les états du Brabant et ceux des autres provinces. Vers le mois de juin, Charles quitta Bruxelles pour se rendre à Augsbourg, où l'appelait une diète des princes de l'Empire, convoquée par son ordre. Dans sa suite, et attaché plus particulièrement au service de sa personne, se trouvait un gentilhomme brugeois, lettré, savant même, Guillaume Van Male, qui, après avoir été longtemps attaché au duc d'Albe, las de courir après la fortune sans l'atteindre, avait fini par désirer et par obtenir, grâce aux bons offices d'un bâtard de la maison de Flandre, Louis de Praet, chef des finances aux Pays-Bas, la modeste place *d'ayuda de camera*, ou d'aide de chambre de l'Empereur. Entré dans la maison de celui-ci peu de temps après Pâques de 1550, il l'accompagnait dans son voyage. Van Male, qui portait à son bienfaiteur une vive reconnaissance, entretenait avec le seigneur de Praet une correspondance intime et privée

dont un certain nombre de lettres sont parvenues jusqu'à nous (1). L'intérêt, je dirai l'importance de ces lettres pour la connaissance du caractère et des habitudes de vie de Charles V, pendant ses dernières années, nous font vivement regretter la perte du reste. Cette correspondance paraît avoir commencé aussitôt que Van Male, à la suite de son maître, eut quitté les Pays-Bas; mais il paraît encore que les premières lettres s'égarèrent en route; car, dans une lettre écrite après l'arrivée de l'Empereur à Augsbourg et datée du 17 juillet 1550, Van Male, après avoir exprimé ses regrets de cette perte, retrace succinctement le contenu de celles qui n'étaient point parvenues à leur adresse, et voici ce qu'à cette occasion il mande au seigneur de Praet (2) : « Scripsi e Mogunciaco Caesaris
» iter: liberalissimas ejus occupationes in navigatione
» fluminis Rheni, dum ocii occasione invitatus, scriberet
» in navi peregrinationes suas et expeditiones, quas ab
» anno XV^{mo} in praesentem usque diem suscepisset. Qua
» in re usus est opera mea et suggestione, nam velut no-

---

(1) Ces lettres ont été publiées, en 1843, pour la Société des Bibliophiles de Belgique, par le baron de Reiffenberg, sous le titre de : *Lettres sur la vie intérieure de l'empereur Charles-Quint, écrites par Guillaume Van Male, gentilhomme de sa chambre;* Bruxelles, 1843. M. de Reiffenberg avait déjà donné, en 1822, le texte de la lettre où il est question des mémoires de l'Empereur, dans le discours préliminaire, p. XXIX, qui se trouve en tête de son édition de l'*Histoire des troubles des Pays-Bas*, par L.-J.-J. Vander Vynckt. Dans un mémoire intitulé, *Particularités inédites sur Charles Quint et sa cour*, lu à la séance de l'Académie du 5 mars 1852, et publié, en 1854, dans le tome VIII des *Nouveaux Mémoires*, il avait inséré une notice sur Van Male et sur sa correspondance, où il parle aussi des commentaires de l'Empereur.

(2) *Malinaei epistola I*, p. 13 des *Lettres sur la vie intérieure de l'empereur Charles Quint*.

» menclator revocabam in memoriam si quid sentirem
» aut effluere aut praetermitti. Libellus est mire tersus
» et elegans, utpote magna ingenii et eloquentiae vi
» conscriptus. Ego certe non temere credidissem Caesari
» illas quoque dotes inesse, quum, ut ipse mihi fatetur,
» nihil talium rerum institutione sit consecutus, sed sola
» meditatione et cura. Quod attinet ad auctoramentum
» et gratiam, vide, obsecro, quibus fulcris innitentur,
» scilicet fide et dignitate, quibus potissimum duobus et
» commendatur et viget historia. » Dans un *post-scrip-*
» *tum*, Van Male ajoute : « Caesar indulsit mihi libri sui
» versionem, ubi fuerit per Granvellanum et filium reco-
» gnitus. Statui novum quoddam scribendi temperamen-
» tum effingere, mixtum ex Livio, Caesare, Suetonio et
» Tacito. Iniquus tamen est Caesar nobis et saeculo, quod
» rem supprimi velit et servari centum clavibus. »

Ce récit de Van Male forme le point de départ de toutes
les recherches sur les commentaires de Charles V. Je vais
m'y arrêter un instant pour en bien constater la portée.
Je remarque d'abord qu'il n'existe aucune raison de mettre
en doute la bonne foi de Van Male, la vérité de ce qu'il
raconte. J'ai examiné avec un soin particulier tout ce qui
nous reste de sa correspondance; parmi les nombreux
faits ou événements qu'il rapporte, soit comme témoin
oculaire, soit comme en ayant eu connaissance pendant
qu'il était avec l'Empereur, je n'en ai trouvé aucun qui fût
contredit par d'autres mentions certaines ou authentiques.
Dans tout ce qu'il a écrit, Van Male me fait l'impression
d'être parfaitement véridique. Son style est parfois assez
vif et coloré; il y a de la chaleur, un certain entrain dans
sa manière de raconter, mais à coup sûr, il n'invente pas.
Je ne trouve rien non plus qui puisse faire envisager le fait

de la rédaction de cet ouvrage comme moralement impossible ou seulement invraisemblable, au point de vue du
caractère et des opinions de Charles. Il est certain qu'il
n'avait pas cette peur de la postérité à laquelle son fils
sacrifiait les documents les plus importants (1); il existe
même une parole de l'Empereur qui nous autorise à croire
que depuis longtemps il avait l'intention de laisser des explications sur son règne. Ce témoignage, fort essentiel pour
la question qui m'occupe, n'a point été relevé jusqu'ici,
bien qu'il soit rapporté par un auteur qui le tenait directement de l'Empereur, qui avait été nommé par Charles
lui-même son historiographe, et dont l'ouvrage, tardive-
ment connu, se distingue par trop de qualités pour justifier le peu d'usage qu'on en paraît faire aujourd'hui. Voici
ce que raconte Sepulveda dans son livre : *De rebus gestis
Caroli Quinti imperatoris* (2) :

« Multa habeo exempla quibus docere possim, quam
» esset Carolus inanis gloriae et falsae laudis contemptor

---

(1) Son historiographe Sepulveda l'atteste dans un passage aussi remar-
quable que peu remarqué par les historiens modernes. Ce passage se trouve
dans une lettre adressée à son ami Jacobus Neyla et placée en tête de son
ouvrage : *De rebus gestis Caroli Quinti imperatoris et regis Hispaniae.*
Voici ce que Sepulveda y dit, § IV de l'édition de Madrid : « In exquirenda
» veritate me ad summam diligentiam nihil mihi reliquum fecisse profiteor,
» et imperatoris et ducum epistolas de rebus gestis, quarum exempla mihi
» jussu Caroli suppeditabantur, diligenter legebam ; nec modo duces ipsos ac
» legatos et proceres, qui in bello consiliis solent adhiberi, sed ipsum Caro-
» lum Caesarem de rebus ab ipso per se gestis percontabar, cum de his inter
» caeteros parum constabat ; quam mihi facultatem suppliciter petenti ipsius
» humanitas non denegabat, et sinceritate quadam paene religiosa, ut erat
» simplicis veritatis amantissimus, respondebat. »

(2) Lib. XXX, pp. 50, 51, dans *Joannis Genesii Sepulvedae, Cordu-
bensis. Opera, tum edita, tum inedita, accurante regia Historiae Aca-
demia,* vol. II, p. 352.

« egregius, sed quae ipse vidi commemorabo. Cum ali-
» quando mihi de rebus ab ipso gestis conquirenti et in
» magna sermonum varietate laboranti visum esset, Caro-
» lum ipsum de facto quodam suo percontari, supplicibus
» verbis ab eo poposci ut de rebus quibusdam gravissimis
» ab ipsomet gestis mihi, propter magnam referentium di-
» versitatem ambigenti, veritatem exponere tanti putaret.
» Sed ne tibi molestus sim de singulis inquirendo, com-
» modius quae ex graviorum sermone conscripsi, recitabo :
» tu quae vere tradita sunt, haec silentio probabis, quae
» secus, ea paucis verbis refelles et emendabis. Haec cum
» ego dixissem, sic paucis suo more Carolus respondit :
» Haud mihi gratum est legere vel audire, quae de me
» scribuntur, *legent alii cum ipse a vita discessero*; tu si
» quid ex me scire cupis, percunctare, nec enim respon-
» dere gravabor. »

Il me semble difficile de ne pas admettre que les mots :
legent alii cum ipse a vita discessero, révèlent l'intention
de laisser des écrits sur son règne : ils ont ce sens ou ils
n'en ont pas du tout. Sepulveda, qui ignorait l'existence
des commentaires de l'Empereur, se donne beaucoup de
peine pour y trouver une preuve de la grandeur d'âme et
de la discrétion de Charles; mais il ne réussit absolument
qu'à produire une interprétation embarrassée et à peine
intelligible (1).

Peut-être aussi l'Empereur se souvenait-il, en formant

(1) Voici ce qu'il dit : « Qua oratione declarare mihi visus est, id quod
» ipse consilium ejus collaudando pronuntiavi, nolle se, prae cetera ipsius
» animi magnitudine et gravissimi principis officio, rerum a se suisque
» gestarum scriptoribus fingendi et assentandi causam et invitamentum
» dare, ut quidam ambitiosi solent, vel rursus a simplici veritate prodenda
» deterrere » (*Ibid*, p. 555.)

ce projet, des instances que, dès les premières années de
son règne en Espagne, les cortès de Castille lui avaient
adressées, à plusieurs reprises, de faire écrire l'histoire
de son gouvernement (1). Quelque temps avant la composition du *Libellus* dont parle Van Male, un de ses meil-
leurs et plus dévoués capitaines, don Luis d'Avila, avait
écrit, en quelque sorte sous les yeux de l'Empereur,
l'histoire de cette grande et mémorable guerre d'Allemagne, qui marqua l'apogée de la fortune politique et militaire de son maître, et cet ouvrage, traduit presque aussitôt
en latin par le même Van Male, avait eu un grand et légi-
time succès. Ne semble-t-il pas naturel, dans ces circonstances, que Charles ait songé à réaliser l'intention conçue
depuis longtemps, et qu'il ait profité d'une occasion, fort
rare dans sa vie d'alors, de grands loisirs, pour commencer
à la mettre à exécution?

La vérité du fait admise, il résulte encore du récit de
Van Male que l'Empereur voulut d'abord faire revoir son
écrit par les deux Granvelle avant qu'il fût traduit en latin

---

(1) « El Emperador don Carlos V escrivió una historia de sus grandezas
» para que constasse de la verdad de sus hechos. Los reynos de Castilla,
» teniéndola por muy necessaria para el govierno de sus coronas, suplicaron
» al inclyto emperador don Carlos, en las cortes que se celebraron en Va
» lladolid año 1523, y le pidieron las mandasse escrivir con las palabras
» siguientes : Ansi mismo somos informados que otrotanto se hizo y cróni-
» cas y grandes cosas y hazannas hechos por los reyes de Castilla, de glo-
» riosa memoria, y de las que hizieron en sus tiempos en guerra y en paz,
» y es bien que se sepa la verdad de las cosas pasadas, lo qual no se sucede
» saber por otros libros, porende suplicamos á V. Alteza mande que se escri-
» van y se impriman, porque será letura provechosa y apacible. Lo mismo
» suplicaron en las cortes de Toledo año 1525, peticion 20, y en las de Madrid
» año 1528, peticion 54. Voyez *Teatro de las grandezas de la villa de
Madrid, etc., al muy poderoso señor rey don Felipe IV*, por el maestro
Gil Gonçalez d'Avila su coronista. Madrid, 1623. fol. p 529

par son *amanuensis*, et que, pour le moment, il ne le destinait à aucune espèce de publicité. Cette intention d'en faire garder le secret explique suffisamment l'absence de toute autre mention de l'œuvre dans les documents contemporains. Le silence a été si bien gardé par le peu de personnes qui pouvaient en avoir connaissance, que, sans la confidence de Van Male au seigneur de Praet, nous l'eussions complétement ignoré.

Du reste, cette première rédaction, faite pendant le voyage, ne pouvait guère être qu'une ébauche, une espèce de résumé succinct des principales actions de l'Empereur, sans développements particuliers, un aperçu aide-mémoire plutôt qu'un récit circonstancié accompagné de réflexions et d'explications qui en eussent fait des commentaires ou mémoires proprement dits. Le peu de temps que Charles y avait consacré le montre suffisamment. En effet, Van Male dit expressément que le tout avait été achevé pendant la navigation de l'Empereur sur le Rhin. Or, j'ai vérifié le nombre des jours qui y furent employés, et voici ce que j'ai trouvé.

Les commencements du voyage ont été racontés avec assez de détails par Sandoval; mais à l'arrivée de l'Empereur à Liége, Sandoval cesse sa narration circonstanciée, ne dit mot du voyage sur le Rhin, et se borne à mentionner l'arrivée de Charles à Augsbourg (1). J'ai donc dû recourir au journal inédit de Vandenesse, et c'est sa relation qui m'a fourni des données tout à fait précises (2). En voici un extrait :

(1) Voy. Sandoval, *Vida y hechos del emperador Carlos Quinto*, L. XXX, § XIII.

(2) *Bibliothèque Royale, section des manuscrits, n° 16611, pp. 202 et suiv.*

(15)

« Sa Majesté, pour son voyage en Allemaigne, print, le
» dernier jour de ce moys de may, congé de ses deux sœurs
» les roynnes, et estant à cheval sur le marché (à Bruxelles),
» se tourna vers le peuple, et print aussi congé d'icelluy,
» qui ne fust sans grand regret et lamentation dudit peu-
» ple, et ainsi vint avec le prince coucher à Louvain.
» Dimanche, premier jour dudit mois (de juing), Sa Ma-
» jesté encores audit Louvain, où l'après-disner, ledit
» prince, accompagné d'aulcuns des siens, retourna en
» poste à Bruxelles veoir lesdites roynnes, ses tantes, jus-
» ques le lendemain matin qu'il revint, allant avec Sa
» Majesté disner à Thillemont et coucher à Sainctron. Le
» 3e, à Tongrele, où l'évesque de Liége vint faire la ré-
» vérence à Sa Majesté, prenant congé d'icelle et de son
» fils le prince. Le 4e, disner et coucher à Mastricht, où
» le prince fust juré et receu, lequel, sur le soir, partist
» en poste pour aller trouver les dames à Tournault. Le
» 7e, de Mastricht, disner et coucher en la ville impériale
» d'Aix, où se retrouva ledit prince. Le 8e, à Julliers; le 9e,
» disner à Bergues et coucher à Colloigne, dont l'évesque
» luy vint au devants et y appointa Sa Majesté le différend
» entre lesdits évesques et les habitans dudit Colloigne.
» Le 14, Sa Majesté sur le Rhin coucher à Bonna, 15 à
» Andernack, le 16 à Covelens, où elle fust receue par
» l'électeur de Trèves. Le 17, Sa Majesté coucher à Poup-
» part, le 18, à Bacherak, le 19, à Maigence, où elle fust
» receue par l'évesque électeur. »

Il résulte du récit de Vandenesse que l'Empereur mit en
tout six jours pour faire le trajet de Cologne à Mayence,
et l'on comprend que, quel que fût le nombre d'heures
qu'il consacra par jour à ce travail, il est tout à fait impossible que, dans un aussi court espace de temps, il pût faire

autre chose qu'un aperçu des plus succincts; aussi le nom de *Libellus* que Van Male donne à l'œuvre de Charles paraît-il parfaitement approprié.

Cette première rédaction achevée, l'Empereur, pendant le long séjour qu'il fit à Augsbourg, après le voyage du Rhin, s'occupa-t-il à la compléter? Les indications directes nous manquent ; mais, outre que la chose en elle-même est probable, je trouve dans la correspondance de Van Male un passage qui me porte fort à le croire. Voici ce que celui-ci dit, dans une lettre, écrite d'Augsbourg au seigneur de Praet, le 25 novembre 1550, quelques mois après la première composition du *Libellus :* « Caesar est valetudine
» prorsus confirmata, quemadmodum ex Basdorpii litteris
» copiose cognosces. Hodie satis expertus sum ejus inco-
» lumitatem, dum ab hora duodecima meridiei in quartam
» usque solus perpetuo mecum scripserit, idque tanta
» humanitate, ut crebro me admoneret commoditatis et
» valetudinis meae. Caetera taceo (1). »

Ce travail de quatre heures, sur l'objet duquel Van Male ne veut pas s'expliquer, était-il consacré aux commentaires? Je ne l'affirme point, tout ce que je voudrais faire remarquer, c'est que cette longue séance ne pouvait point être donnée aux affaires politiques, que l'Empereur n'avait pas l'habitude de traiter avec son aide de chambre, quelque lettré qu'il fût.

En dehors de la correspondance de Van Male, il n'existe point, que je sache, d'autre mention du *Libellus* dans les documents contemporains. Dans la propre correspondance de Charles, du moins dans ce qui en a été publié jus-

---

(1) *Lettres sur la vie intérieure,* etc., p. 5.

qu'ici, autant que j'ai pu voir, il n'en est nulle part parlé. Les années qui suivirent le séjour de Charles à Augsbourg et la formation de ce premier noyau de mémoires, furent remplies par les événements les plus graves : le revirement des affaires d'Allemagne, la levée de boucliers de Maurice de Saxe avec ses funestes conséquences, la désastreuse guerre avec la France durent absorber toute l'activité de l'Empereur et le tenir constamment dans un état de préoccupation peu favorable évidemment à la continuation de l'œuvre commencée en 1550. Ce n'est qu'en 1556 que j'en trouve comme une réminiscence dans le discours que Charles prononça, lors de son abdication, devant les états généraux. La manière dont il y retrace ses nombreux voyages et expéditions rappelle tout à fait ce que Van Male dit du *Libellus :* « Dum scri- » beret in navi peregrinationes suas et expeditiones, quas » ab anno XV^mo in praesentem usque diem suscepisset. » Qu'on en juge par quelques passages que j'extrais du *Receuil de ce que l'Empereur dit de bouche aux estatz généraulx de par deçà le XXVme d'octobre 1555, après la proposition faicte par le conseillier, noté par quelque bon personnaige estant à ladicte assamblée :*

« Qu'il y en avoit xxxvi ans qu'il pleut à Dieu que l'Em-
» pereur son grand-père fina ses jours; que lors il sollicita
» l'élection de l'Empire, non pour ambition d'avoir plus
» de seigneuries, mais pour le bien de plusieurs de ses
» royaulmes et pays, et principalement de ceux de par
» deçà;

» Que pour le mesme effect, doit ce temps-là ençà, il
» auroit faict en iceulx pluiseurs voyaiges, qui sont esté :
» neuf en Allemaigne, six en Espaigne, sept en Italie,
» dix par deçà, quatre en France, tant en paix que en

« guerre, deux en Angleterre et deux en Affricque, que
» font tous ensemble quarante, qu'il avoit faict ès provinces
» susdictes, sans les visites qu'il avoit faictes en aultres
» ses royaulmes, pays et isles, qui sont esté à unes et aul-
» tres à deux ou trois fois;

» Que, pour ce faire, il avoit esté forcé huyet fois pas-
» ser la mer de Levant, trois celle de Ponent, sans la fois
» qu'il espéroit de brief, par la grâce de Dieu, passer, que
» sera la quatrième de ceste mer et la XIIme en toutes, sans
» le passaige qu'il avoit faict par France pour le remède
» des choses qui pour lors se offroient en ces pays, que
» ne se doibt tenir pour la moindre (1). »

Si, pendant les six années qui suivirent la première
composition du *Libellus*, les indices qui prouveraient que
Charles continuait à s'en occuper sont rares et peu cer-
tains, il est hors de doute qu'il y revint pendant sa retraite,
et ce que nous savons par lui-même du but qu'il se pro-
posait en se remettant à écrire l'histoire de sa vie, nous
montre que, dans le travail de Yuste, il ne s'agit plus d'un
bref et substantiel récit des faits, mais bien d'un compte
rendu complet de son règne, destiné à apprendre à la
postérité la vérité sur les choses de ce règne et à combattre
les erreurs dans lesquelles étaient tombés ceux qui en
avaient jusqu'alors écrit l'histoire.

Voici les renseignements positifs et explicites que nous
possédons à cet égard.

Parmi les personnages importants qui vinrent voir

---

(1) Cette pièce a été publiée par M. Gachard, dans les *Analectes belgiques*,
pp. 87-91; voyez aussi les observations présentées par notre savant confrère,
dans l'introduction à son ouvrage intitulé : *La retraite et la mort de Charles
Quint, au monastère de Yuste*, p. 88.

l'Empereur à Yuste, se trouva le père François Borja,
l'ancien duc de Gandie, qui avait connu intimement et
servi Charles, longtemps avant que l'un et l'autre se re-
tirassent du monde. Chargé de missions importantes de
la part de la régente d'Espagne, le père Borja vint à Yuste
deux fois pendant les derniers mois de 1557, en septembre
et en décembre, et y retourna encore, à la demande de
l'Empereur, en juillet ou en août 1558. Son biographe, le
P. Pedro de Ribadeneyra, qui tenait en grande partie ses
renseignements du saint religieux lui-même, rapporte avec
beaucoup de détails les très-curieux entretiens que, dans
ses visites à Yuste, l'ancien duc de Gandie eut avec l'Empereur, et, après avoir parlé de la mort de celui-ci, il
ajoute :

« No sé qual de las vezes que estuvo el padre Francisco
» en Juste con el Emperador, le preguntó Su Magestad,
» si le parecia que avia algun rastro de vanidad en escrivir
» el hombre sus proprias hazañas? porque le hazia saber,
» que él avia escrito todas las jornadas que avia hecho, y
» las causas y motivos que avia tenido para emprenderlas :
» y que no le avia movido apetito de gloria ni de vanidad
» á escrivirlas, sino de que se supiesse la verdad, porque
» los historiadores de nuestros tiempos, que él avia leydo,
» la escurecian, ó por no saberla, ó por sus aficiones y
» passiones particulares (1). »

En examinant de plus près les détails que Charles
donne au P. Borja sur l'ouvrage dont il s'occupait à Yuste,
on reconnait aisément que c'est le même que le *Libellus*

---

(1) *Vida del P. Francisco de Borja*, *etc.*, *escrita por el padre Pedro
de Ribadeneyra*, en Madrid, 1594, in-fol, p. 115.

dont parle Van Male dans ses lettres. L'Empereur en désigne le contenu presque dans les mêmes termes que ceux dont s'est servi Van Male (1); mais cette première esquisse, achevée en six jours, a été développée, agrandie, rendue plus importante et plus complète par l'exposition des causes et motifs qui avaient guidé Charles dans ses principaux actes politiques. L'œuvre, dans cette nouvelle forme, qu'elle avait reçue à Yuste, était destinée à la publicité, car l'Empereur déclare à son pieux interlocuteur qu'il avait écrit pour que la vérité sur les actes de son règne fût connue.

On verra plus tard que, dans cette nouvelle rédaction, Charles s'était encore servi de la coopération et de l'aide de Van Male: il parait même que celui-ci, à la mort de l'Empereur, en avait entre ses mains le manuscrit, et que cet inappréciable trésor lui fut enlevé par don Luis Quixada et remis à Philippe II. Les recherches faites à différentes reprises par notre honorable confrère M. Gachard, avec tout le zèle et tout le savoir que nous lui connaissons, laissent sur ce point peu ou pas de doute. M. Gachard termine ainsi l'importante étude sur les commentaires de Charles V, qu'il a insérée dans le second volume de son ouvrage sur la retraite et la mort de l'Empereur (p. CLII) :

« Il resterait à savoir ce que Philippe fit des manuscrits » de son père. Sur ce point les renseignements nous man- » quent absolument. A en juger par le caractère et les » actes connus du fils de Charles-Quint, il n'y aurait rien » de surprenant à ce qu'il eût jeté ces manuscrits au feu.

---

(1) « Que él avia escrito todas las jornadas que avia hecho scriberet in suvi peregrinationes suas et expeditiones, quas ab anno XIe in praesentem usque diem suscepisset »

» C'était, on l'a vu, le sort qu'il réservait à l'histoire que
» Van Male aurait écrite. Ce monarque était indubitable-
» ment un grand amateur de papiers, comme le remarque
» son historien Cabrera, qui prétend que par eux il remuait
» le monde de son siége royal, et l'on sait qu'il s'occupait
» avec une sollicitude particulière de faire recueillir les
» archives de l'État dans la forteresse de Simancas. Mais
» cela n'empêche pas qu'il ait détruit ou fait détruire
» quantité d'écrits qui pouvaient le compromettre ou
» dévoiler les secrets de sa politique, ou qui contenaient
» des choses dont il ne voulait pas que la connaissance
» parvint à la postérité. Nous avons rapporté ailleurs com-
» ment furent brûlées, par ses ordres. en 1576, sa corres-
» pondance avec le grand commandeur de Castille, don
» Luis de Requesens, gouverneur général des Pays-Bas.
» qui était gardée au château d'Anvers. et, en 1595, les
» dépêches qu'il avait adressées au duc de Sessa, au comte
» de Fuentès et au marquis de Cerralvo concernant la
» destitution du duc de Parme, résolue par lui et prévenue
» par la mort de ce prince. Combien d'autres documents
» non moins précieux durent être anéantis de même! Sans
» parler des mémoires de Charles-Quint, que sont devenus
» les papiers de la reine Marie de Hongrie et de don Carlos
» et de don Juan d'Autriche, dont on cherche en vain
» quelque trace dans le grand dépôt de Simancas? »

Une disposition contenue dans le codicille du testament
de Philippe II, connue depuis. ne vient que trop à l'appui
de l'opinion de M. Gachard. Voici ce que l'on lit dans
l'art. 14 de ce codicille : « Y porque es justo poner cobro en
» muchos papeles que yo querria poder reconocer, si mis
» indisposiciones y ocupaciones dieren lugar, mando y es
» mi voluntad que. si no lo hubiere hecho en vida. falle-

» cido que yo haya, se entreguen à don Cristobal de Mora,
» conde de Castel-Rodrigo, todas las llaves que yo tengo,
» así maestras y dobles como de escritorios; las primeras
» para que las dé al principe mi hijo, à su tiempo, y haga
» dellas lo que mandare; y las de los escritorios para que
» el mismo don Cristobal y don Juan de Idiaquez se jun-
» ten con fray Diego de Yepes, mi confesor, con la mayor
» brevedad que fuere possible, y que, hallándose presente
» Juan Ruiz de Velasco, que les prodrá advertir donde
» estaran algunos papeles, abran y vean los tres todos los
» escritorios que yo tengo y se hallaran así en el lugar
» donde fuere mi fallecimiento, como en la villa de Madrid,
» si fuera della succediere; y quiero que todos los papeles,
» abiertos ó cerrados, que se hallaren de fray Diego de
» Chaves, difunto, que fué mi confesor, como se sabe,
» escritos dél para mi, ó mios para él, se quemen allí
» luego en su presencia, habiendo reconocido primero,
» sin leerlos, si entre ellos habrá algun breve, ú otro
» papel de importancia que convenga guardar, el cual se
» apartará en tal caso; y otros papeles de otros qualesquier
» personas, que trataren de cosas y negocios pasados que
» no sean ya menester, especialmente de los defunctos,
» y cartas cerradas se quemarán tambien ali en presencia
» de los mismos (1). »

On le voit, même en supposant que le manuscrit des
commentaires ait été conservé par Philippe II et existât
encore au moment de sa mort, comment croire qu'il ait

____

(1) C'est à mon honorable confrère M. Gachard que je dois la communication de cette pièce, qui lui avait été envoyée des archives de Simancas, et
que M. Lafuente a également publiée dans son *Historia general de Espana*
tomo XIII, p 340

pu survivre à des ordres aussi absolus et formulés avec
tant de précision. Le passage du codicille concernant les
papiers relatifs à des personnes défuntes est évidemment
de nature à enlever tout espoir, quand même on voudrait
en conserver une dernière lueur, comme M. Stirling le
fait (1).

Mais s'il faut accepter comme accompli l'irréparable
dommage fait aux intérêts les plus légitimes de l'histoire
par la méfiance et les préjugés du fils de Charles V, est-ce
à dire que, pour cette question des commentaires, tout soit
fini et qu'il n'y ait qu'à clore les recherches en se résignant?
Je ne le pense pas. Il reste à revenir au collaborateur de
l'Empereur, à Van Male, et à voir si, en dehors du manuscrit des commentaires, il a existé des travaux de celui-ci
sur le même sujet, et que sont devenus ces travaux? Ici
j'entre dans un nouvel ordre de faits, dont on ne s'est
guère occupé encore. Pour résoudre la question que je
viens de soulever, il sera nécessaire de remonter de quelques
années, et de suivre Van Male depuis l'époque où il écrivit,
sous la dictée de l'Empereur, le premier *Libellus*.

III.

Dès les premiers temps de son entrée au service personnel de Charles, Van Male avait réussi à se concilier à un

---

(1) « If this report of Van Male's table talk voyez plus has p. 52) be true, it
seems plain that the loss of the curious memoirs of Charles the Fifth, com-
posed by himself and translated into latin by an elegant scholar — if in-
deed they are lost and not only buried in some forgotten hoard of spanish
historic lore, may be added to the black catalogue of the misdeeds of
his dull, bigoted and cruel son. (*The cloister life of the emperor Charles
the Fifth*, by William Stirling, third edition. London, 1855, pp. 295 suiv

haut degré la faveur et la confiance de son maitre. Il existe
dans sa correspondance de nombreuses preuves de l'intimité étroite et affectueuse à laquelle l'Empereur avait
admis ce serviteur dévoué. Qu'on me permette d'en citer
quelques-unes. En 1551, il écrit d'Inspruck au seigneur
de Praet : « Ego vivo et valeo et luctor cum laboribus et
» miseriis meis; haec tamen eo patientius fero quo me
» sentiam in dies hero meo (absit dicto invidia) magis ac
» magis placere (1). » Au printemps de la même année,
Van Male avait fait une assez grave maladie qui, pendant
quelque temps, l'avait tenu éloigné de son service. A cette
occasion, « Caesar ipse, » raconte-t-il à de Praet « quo die
» primum ad cubiculum redii, amplius duabus horis
» familiarissimus collocutus est ; dum nihil praetermittit,
» quia studiose percunctaretur quid egerim, scripserim,
» dixerim, legerim imo somniaverim, etc. (2). » Pendant
un des nombreux accès de goutte, dont Charles eut à souf-
frir à cette époque de sa vie, Van Male écrit à de Praet :
» Non potui cetera diligentius perquirere, sum enim ad
» lectum Caesaris tanquam ad palum alligatus, neque
» possum vel transversum culmum ab eo discedere (5). »
Dans les fréquentes insomnies auxquelles Charles était
alors sujet, nous trouvons Van Male lui faisant des lectures,
qui souvent amenaient des entretiens intimes entre son au-
guste auditeur et lui, entretiens dont il regrette de ne pou-

(1) *Ep. Malinaei XVI*, dans les *Lettres sur la vie intérieure*, etc., p. 47.
(2) *Ep. Malinaei XXIII*, *ibid.*, p. 65. Le manuscrit porte *Caesar ipse
quotidie. Primum ad cubiculum redii*, ce qui ne donne aucun sens. De
Reiffenberg pense qu'il y a un mot à suppléer, par exemple, *plaudit* C'est
une erreur: il est évident qu'il faut lire *Caesar ipse, quo die primum ad
cubiculum redii, amplius duabus horis familiarissimus collocutus est*
(5) *Ep. Malinaei XIX*, p. 54

voir rendre un compte détaillé à de Praet. Charles, quand il est dans les camps, se fait dire ses prières particulières par son fidèle aide de chambre. Il en fait même rédiger par celui-ci de plus intimes à son usage exclusivement personnel. A ce sujet, Van Male raconte, d'une manière fort émue, un incident des plus vifs et des plus curieux, qui montre jusqu'à quel point la confiance de Charles en lui avait grandi, et de quelle importance étaient les confidences qu'il lui faisait. Après avoir mentionné l'habitude qu'il avait de lire à l'Empereur, pendant ses indispositions, les Psaumes et d'autres morceaux de l'Écriture, et d'accompagner ses lectures de paraphrases et explications telles qu'il pouvait les donner, il continue ainsi (1) : « Ven-
» tum est in hiberna Alpina ; ibi Caesar, captata prius
» opportunitate, occlusis cubiculi foribus, me vocat, im-
» perat altum earum rerum quas auditurus essem silen-
» tium, incipit aperire mihi multa, detegit ipsa praecor-
» dia, mentem, animum (2), τὸ φίλον ἦτορ, celat nihil.
» Ego fere obstupui, imo etiam nunc horresco referens,
» malimque perire quam earum rerum quemquam praeter
» te conscium reddere. Scribo jam libere, Caesar quiescit ;
» nox est concubia, abiere arbitri. Longum esset tibi ex-
» ponere singula, nec ausim propter viarum pericula.
» Tandem eo venit colloquium nostrum ut, narratis mihi
» omnibus quae unquam ipsi per universam vitae perio-
» dum accidissent, proferret cartam suapte manu con-
» scriptam, in qua copiose prosecutus erat quae cuperet a

---

(1) *Ep. Malinaei XII*, p 51.

(2) M. de Reiffenberg a laissé une lacune dans le texte, après les mots *mentem, animum*. Dans le manuscrit se trouvent, à cette place, les mots τὸ φίλον ἦτορ, que j'ai restitués dans le texte

« me in compedium redigi ad formulas precum quotidia-
« narum. Legi, relegi, intellexi, probe absolvi quae jus-
« serat intra dies aliquot, quia saepe numero erant retrac-
« tanda nonnulla quae vel ipse parum meminerat, vel
« rerum consideratione paulo diligentiore censebat postea
« immutanda. »

L'ayant admis à ce degré d'intimité, on doit trouver
naturel que Charles ait compris Van Male parmi les ser-
viteurs qui devaient l'accompagner dans sa retraite, et qu'il
y ait continué à l'employer à la rédaction de ses commentaires. A ce sujet, nous ne sommes pas réduits à des conjectures seulement, il y a un témoignage du cardinal
Granvelle qui confirme le fait et dont je parlerai plus loin:
et bien mieux, il s'est conservé, tout à fait inaperçu jusqu'ici, un fragment assez étendu, sinon du texte même des
mémoires de l'Empereur, ce que je n'oserai affirmer, bien
que ce ne soit pas impossible, mais bien certainement
des travaux de Van Male avec son maître.

On sait que Sepulveda, nommé, dès 1556, historiographe
de l'Empereur et occupé à écrire l'histoire de son règne,
vint, en 1557, à Yuste, rendre ses devoirs à Charles. Il
s'établit à cette occasion des relations assez intimes entre
lui et Van Male, qui paraît même avoir reçu Sepulveda
dans sa maison. La communauté de goûts et d'études qui
existait entre eux explique suffisamment ces rapports.
Sepulveda vit aussi don Luis d'Avila, le grand commandeur d'Alcantara, l'historien de la guerre d'Allemagne, qui
se trouvait également à Yuste, où il venait de recevoir
les célèbres commentaires de Sleidanus *De statu religionis
et reipublicae, Carolo Quinto Caesare*, qui avaient paru,
quelque temps auparavant, à Strasbourg. Tous les deux,
d'Avila et Van Male, engagèrent beaucoup Sepulveda à

prendre connaissance de cet ouvrage dans l'intérêt de son propre travail sur les affaires d'Allemagne. Sepulveda leur avait communiqué la partie de son histoire qui comprenait les dernières guerres de l'Empereur avec la France, et ils y avaient relevé une omission importante. Sepulveda avait passé sous silence la fameuse campagne où Térouanne et Hesdin, après des siéges fort mémorables, furent pris par les troupes impériales. Sur les observations de ses deux amis, il leur promit de combler cette lacune et de lire Sleidanus que d'Avila offrit de lui envoyer (1).

Après son départ de la résidence de Charles, Sepulveda entretint une correspondance avec Van Male, dont il ne s'est conservé, que je sache, qu'une seule lettre, imprimée d'abord dans le recueil des lettres de Sepulveda qui parut à Salamanque en 1557, et reproduite dans l'édition de ses œuvres publiée à Madrid en 1780. Cette lettre est fort longue et fort intéressante par la forme autant que par le fond. Sepulveda, après avoir exprimé à Van Male toute l'affection et toute la reconnaissance qu'il lui porte (2), lui

---

(1) « Ac primum omnium Joh. Sleidani commentarios lectione percurrere » placuit, quos Lud. Avila noster, religiosorum equitum ex Alcantara prae » fectus, ut te praesente receperat, nuper ad me misit ea conditione, ut per » lectos statim remitterem, quos mihi usui esse posse, ambo mihi vere con » firmastis, ad ea recognoscenda quae ipse de rebus Germanicis conscri » pseram. » (Voy. la lettre de Sepulveda à Van Male, citée dans la note 2.)

(2) « Nolim, optime et doctissime Guilielme, ulla mea vel oblivione tui, » vel negligentia factum fuisse putes, ut ad te tam sero scriberem deque » meis rebus certiorem facerem, quod me primo quoque tempore facturum » receperam. Nam me tua vel singularis virtus vel perspecta humanitas ita » nuper cepit, officiisque demeruit, ut tui et tuorum in me meritis oblivisci » sine crimine non possim. Accedit studiorum communitas, magna benevo » lentiae inter viros probos conciliatrix. » (Voy. *Sepulvedae Epistola CII*, fol. 274, ed. Salamanc., et t. III, p. 351, de l'édition de Madrid.)

raconte son voyage depuis son départ de Yuste, les accidents, les dangers, les fatigues de toute espèce contre lesquels il eut à lutter et à la suite desquels il était tombé sérieusement malade. A peine convalescent, il avait repris ses études favorites, et s'était occupé d'abord des commentaires de Sleidanus. Il rend à Van Male un compte détaillé des qualités et des défauts de cet historien, auquel il reproche entre autres d'avoir trop négligé les événements qui ne concernent pas directement les affaires religieuses et les entreprises des novateurs. Et à cette occasion, il dit :
« Certe Teruennae dirutae Hesdinique recepti historiam,
» cujus praetermissae culpam vos mihi ut crimen et in-
» signem negligentiam objiciebatis, ille quinque ac sex
» versiculis absolvit. Quo magis nobis enitendum est,
» us res tanta, quantam vos fuisse dicitis, scriptis nostris
» pro dignitate, si qua facultas erit, celebretur. Quo tuum
» de illius belli commentariis promissum atque receptum
» cupidius experto. »

Quels pouvaient être ces commentaires que Van Male avait promis à Sepulveda, afin que celui-ci en fît usage pour son histoire? Je n'oserais affirmer *a priori* qu'il s'agisse ici d'une partie des mémoires de l'Empereur, où celui-ci traitait de ses dernières guerres avec la France; mais quand on examine attentivement le récit que Sepulveda fait des événements qui se passèrent à Térouanne et à Hesdin, on demeure comme frappé de l'extrême différence qui existe entre cette partie de son ouvrage et tout le reste. Après avoir raconté d'une manière assez abrégée la marche et les événements de la guerre en Italie, Sepulveda revient tout à coup, et sous forme d'intercalation en quelque sorte, à l'histoire de la guerre dans les Pays-Bas, et n'en donne que l'épisode de Térouanne et de Hesdin, auquel il consacre seize longs chapitres (1). Aussitôt qu'il en commence le récit, sa narration change visiblement d'allure et de caractère : de générale et succincte, elle devient spéciale et développée, presque outre mesure, au moins eu égard aux proportions générales de l'ouvrage. Il entre sur tout ce qui se passa devant ces deux villes dans des détails minutieux et tout à fait particuliers, puisés évidemment dans des documents officiels, qui ne pouvaient être que les rapports envoyés à l'Empereur par ses généraux. Il sait ce qui se passe à la cour de Charles, les nouvelles qui y arrivent, l'effet qu'elles produisent sur l'Empereur; il connaît les délibérations des conseils de guerre, les demandes que les généraux adressent à l'Empereur, les réponses qu'il donne. Son récit des opérations, des mouvements et des travaux qui amenèrent la prise des deux villes, est un véritable extrait du journal du siège qui renferme jusqu'aux chiffres et quelquefois jusqu'aux noms des morts et des blessés. Mais ce n'est pas seulement la partie militaire des événements qu'il traite à fond, il connaît encore tout ce qui concerne les négociations avec les généraux ennemis : on dirait qu'il a pu consulter les rapports et les procès-verbaux des négociateurs; il sait ce qui a été dit de part et d'autre dans chacune de leurs réunions.

Le caractère et l'importance du récit de Sepulveda ressortent encore davantage, quand on le compare avec d'autres récits spéciaux des mêmes événements qui se trouvent dans des auteurs contemporains.

Les deux principaux sont, du côté des Français, celui de François de Rabutin, dans ses *Commentaires sur le faict*

_____

(1) Sepulveda, *de Rebus gestis Caroli V*, l. XXVIII, cap. XXIV-XXXIX, ed. de Madrid, t. II, p. 457-467.

des dernières guerres en la Gaule Belgique (1), et du côté des Espagnols, celui de Sandoval, dans son Histoire de Charles V (2). Rabutin raconte les événements en homme qui les a vus de près. Sa narration est détaillée, intelligente et attachante à la fois par un air de vérité et de sincérité qui plaît; mais il ne sait que ce qui se passe chez les Français, et encore ne le sait-il pas comme quelqu'un qui a dirigé, mais comme quelqu'un qui a combattu et qui a appris des autres ce qu'il n'a pas vu lui-même. Sandoval a écrit d'après de bonnes sources; il est évident qu'il a consulté des relations militaires authentiques, mais il n'a que cela, et seulement pour le siège et la prise de Térouanne; sur celle de Hesdin, il ne donne que quelques lignes qui ne méritent pas d'être mentionnées. Aucun des deux n'atteint de loin à la hauteur où est placé l'auteur du récit dans Sepulveda, qui raconte avec une autorité si manifeste, une sûreté d'information si grande, un choix si intelligent des faits essentiels et principaux, qu'on sent à chaque page, qu'il a puisé à la source d'où partait le commandement et où aboutissaient tous les rapports et toutes les informations.

Le passage de la lettre de Sepulveda à Van Male, que je viens de citer, explique ce que, au premier abord, il y a d'extraordinaire dans ce fait. En écrivant cet épisode, Sepulveda avait sous les yeux les commentaires que Van

(1) *Commentaires sur le faict des dernières guerres en la Gaule Belgique, entre Henry second, très chrestien roy de France, et Charles cinquiesme, empereur, dediez au duc de Nevernois, pair de France, par François de Rabutin, gentilhomme de sa compaignie.* Paris, Michel de Vascosan, MDLX, in-4°; et aussi dans Petitot, *Collection complète des mémoires relatifs à l'histoire de France,* tomes XXXI et XXXII.

(2) Sandoval, *Vida y hechos del emperador Carlos Quinto,* lib. XXXI, XL.

Male, selon sa promesse, lui avait envoyés. Le doute à ce
sujet n'est pas possible; mais il est difficile de préciser si la
communication de Van Male comprenait la partie des mémoires de l'Empereur où il avait décrit ces événements et
dont Charles l'aurait autorisé à faire part à Sepulveda, ou
si c'étaient plutôt des annotations plus développées ou
composées par Van Male, d'après les documents et les
indications que ses travaux avec l'Empereur avaient mis
à sa portée. A ne considérer que la forme du récit, je
penche plutôt pour cette dernière opinion. Quoi qu'il en
soit, quand on aura pris connaissance de ces seize chapitres de Sepulveda, on regrettera, j'en suis sûr, comme
je le fais, que Van Male n'ait pas étendu à des parties
et à des événements plus importants du règne de son
maître ses précieuses communications.

Après la mort de Charles, auquel il paraît avoir donné
des soins jusque dans ses derniers moments, Van Male se
retira à Bruxelles, où probablement il obtint la concier-
gerie de la maison du Roi, dont, à en juger par une mention
dans le testament de l'Empereur, celui-ci avait demandé
pour lui la survivance à Philippe II (1). Il y mourut le

---

(1) « A Guillermo de Male, ayuda de mi cámara, que tiene trezientos florines de gajes al año, es mi voluntad que, si tomare la possession, y co-
mençare a gozar antes de mi fallecimiento de la consergia de la casa de
Bruselas que el Rey mi hijo le ha hecho merced, para despues de los dias
del que lo posee, tengo por bien de hazelle merced en tal caso de sesenta
y dos florines al año de pension por su vida, y despues de yo fallecido,
mientras no gozare de la dicha consergia, de ciento cincuenta florines al
año de pension, hasta que vaque, y desde que vacare, que le den y goze
los dichos sesenta y dos florines de como dicho es, que lo demas se con-
suma : y demas desto sesenta mil maravedes de ayuda de costa por una
vez. » Voy. *Testamento del emperador Carlos Quinto*, dans Sandoval,
ouvrage cité, t. II, p. 798, édition de Valladolid, 1606.

1 janvier 1561. Lorsque la nouvelle de son décès fut arrivée en Espagne, Philippe II écrivit au cardinal de Granvelle une lettre datée de Tolède, le 17 février 1561, dans laquelle on lit ce qui suit (1) : « He entendido que podria
» ser que Molineo escriviese alguna historia de Su M^d que
» aya gloria, y que podria ser que en ella se alargase y
» pusiese cosas no verdaderas ni dignas de que se scri-
» vieran de quien mereció que se dixese tanto bien; pues
» él es muerto, bien será que, como á otro fin, y sin que
» se entendia nada desto, hagais luego buscar sus escri-
» turas, y si entre ellas ó de otra manera halláredes esta,
» me la embieis para que se quemen, como lo merezerán :
» y con esto acabo, porque en leyéndola, entendais en
» hazer esta diligenzia qui aqui digo. »

Granvelle répondit, le 7 mars, de Bruxelles au Roi, dans ces termes (2) : « Muerto Molineo, ántes que viniessen las
» cartas de V. M., havia ya tenido yo cuidado de inquirir
» si havia dexado algunos papeles, y señaladamente por
» saber si hazia historia, y esta diligencia hize por la
» mesma razon que V. M. apunta, dubdando que se hu-
» viesse puesto á dezir cosa que no conveniesse; mas no
» se ha hallado papel ninguno desta materia, y he sabido
» que muchos dias ántes que muriesse, rasgó y quemó
» muchos papeles, y que viviendo se havia quexado mu-
» chos vezes á algunos amigos suyos hasta llorar, de que
» muerto el Emperador (que en sancta gloria sea) le hu-
» viesse quitado Luis Quixada quasi por fuerça las me-
» morias que havia hecho con S. M., diziendo que eran sus

____

(1) Voy. *Papiers d'État du cardinal de Granvelle*, dans la *Collection des documents inédits sur l'histoire de France*, t. VI, p. 271

(2) Même ouvrage, p. 290

» travajos, mas que en fin tenia en la memoria buena
» parte de lo que en ellas havia, y que esperava algun
» dia escrivir algo por memoria de su amo, lo qual dezia
» que no havia aun empeçado, por haver estado por aca
» siempre achacoso y doliente. »

Constatons les faits importants qui sont signalés dans cette correspondance. A la cour d'Espagne, on savait que Van Male avait eu l'intention d'écrire l'histoire de Charles V, et Philippe II craignait que l'ancien aide de chambre de son père n'y produisit des choses contraires à la vérité ou peu dignes de la mémoire de l'Empereur. Il faut donc que Van Male ait parlé de ce projet ou ait manifesté d'une manière quelconque qu'il s'en occupait, et cela soit avant la mort de Charles, soit depuis, et à des personnes qui le rapportèrent à Philippe II. Je suis assez porté à croire qu'on n'en parla au Roi que lorsque la nouvelle de la mort de Van Male fut arrivée en Espagne. Si Philippe avait connu du vivant de celui-ci son projet, il est très-probable qu'il eût pris des mesures pour l'empêcher d'y donner suite. Mais ce projet devait être connu aussi dans les Pays-Bas, car Granvelle assure, dans sa réponse au Roi, que déjà avant de recevoir sa lettre, il avait pensé qu'il pourrait bien se trouver dans l'histoire faite par Van Male des choses inconvenantes. Quant à ce dernier point, j'avais pensé d'abord que la crainte de Philippe ne pouvait guère être sérieuse : tout le passé de Van Male, la nature de ses rapports avec l'Empereur, l'affection que celui-ci lui portait, devaient suffire pour la démentir. Je penchais fort à n'y voir qu'un prétexte mis en avant par le Roi, afin de justifier aux yeux de Granvelle la mesure qu'il lui ordonnait de prendre à l'égard des papiers de Van Male. Je me disais que Philippe pouvait éprouver le besoin d'une pareille justification, en se rappelant la conduite tout opposée que son père avait tenue dans une circonstance semblable. Deux historiographes (*coronistas*) de l'Empereur, Florian de Ocampo et Gines Sepulveda, étant fort âgés, Charles, à Yuste, dans la prévision de leur mort prochaine, avait insisté auprès de la régente d'Espagne pour que, en temps utile, des mesures conservatrices fussent prises à l'égard des travaux, manuscrits, etc., qu'ils pourraient laisser à leurs décès (1). Mais la manière dont Granvelle s'exprime dans sa réponse au Roi me force de renoncer à cette opinion. Il affirme que, déjà avant de recevoir les ordres du Roi, il avait craint que l'œuvre de Van Male ne renfermât des choses inconvenantes. L'appréhension de Philippe n'était donc pas un prétexte, comme celle de Granvelle, elle devait reposer sur des faits que nous ignorons et dont le Roi et son ministre avaient connaissance.

De leur correspondance ressort encore un autre fait qui mérite la plus sérieuse attention, c'est que, malgré l'enlèvement des papiers qui renfermaient ses travaux avec l'Empereur, Van Male entretenait le projet d'écrire l'histoire de son maître, et qu'il croyait posséder, dans sa mémoire et probablement aussi dans des papiers ou notes à lui, qu'il avait pu conserver, les matériaux nécessaires à cet effet.

Quand on considère la position que Van Male avait occupée auprès de Charles V, les confidences intimes que celui-ci lui avait faites dans plus d'une occasion, la connaissance que, par sa collaboration aux commentaires de l'Em-

---

1) Voy. Stirling, *Cloister Life*, etc., pp. 221-226.

pereur, il avait de la manière dont Charles envisageait les événements de son règne, jugeait les hommes et les choses; quand, d'un autre côté, on tient compte du talent d'écrivain de Van Male, de l'élégance et de la facilité de son style latin, tel que sa traduction de l'histoire d'Avila et sa correspondance nous le montrent, de son instruction classique plus qu'ordinaire; quand on se rappelle que de tout temps il s'était occupé de travaux historiques, et qu'avant d'être attaché au service de la personne de l'Empereur, son ambition avait été de devenir son historiographe (1), on conçoit aisément que le désir lui soit venu d'écrire l'histoire de son maître, en mettant à profit les données précieuses qu'il possédait. Ce désir il pouvait le réaliser, soit en agrandissant le premier *Libellus*, dont certainement il avait conservé une copie, soit en composant sur nouveaux frais une histoire du règne de Charles V, d'après ses propres notes et souvenirs.

Dans la lettre de Granvelle au Roi, l'époque des entretiens dans lesquels Van Male faisait part à ses amis de son projet n'est point précisée, et il est fort possible que ses plaintes sur l'enlèvement de ses papiers et l'annonce de ce projet, aient eu lieu déjà dans les premiers moments qui suivirent son retour de Yuste et son établissement à

---

(1) Voy. *Ep. Malinaei IV*, dans les *Lettres sur la vie intérieure de l'empereur Charles-Quint*, p. 9. « Omnis mihi spes reposita erat in quiete et otio, « quod post longas tandem peregrinationes optabam contingere posse libe- « rum et litterarium; ita enim interpretabatur ducentorum florenorum sala- « rium illud, *ut in Belgio conquiescenti historiae scribendae munus in- « jungeretur,* ad quam rem adjutoribus uterer iis, penes quos est rerum « arcanarum undae veritatis arbitrium et cognitio; erat enim operam suam « mihi pollicitus Nicolaus Nicolai, D. Eleemosynarius aliique nonnulli, qui « multa ostenderent ad historiae fidem ac seriem conducibilia. »

Bruxelles. Rien dans les documents que nous avons sous les yeux ne prouve que la mort l'ait surpris sans qu'il ait pu donner suite à son projet, et comme, depuis son retour d'Espagne jusqu'à sa mort, il s'est écoulé un laps de temps qui dépasse deux ans, il a très-bien pu achever une édition augmentée du *Libellus* ou un travail historique propre plus ou moins complet. Il est encore possible que, se rappelant ce qui lui était arrivé à la mort de l'Empereur et les violences de Quixada, il ait cherché à mettre ses travaux à l'abri d'un sort pareil, en les déposant entre les mains d'amis sûrs, et en confiant à ces amis le soin de les publier après sa mort. Certes, il n'y a que des conjectures à former à ce sujet, conjectures que je ne mentionnerais même pas et sur lesquelles j'insisterais encore beaucoup moins, si des faits, inaperçus jusqu'ici, ne venaient à leur appui et n'autorisaient à croire qu'il a existé des travaux de Van Male sur le règne de Charles V, et qu'on était parvenu à les soustraire aux recherches du roi d'Espagne et de son ministre. C'est sur ces faits que je désirerais appeler tout spécialement l'attention de mes honorables et savants confrères.

A peine Charles V eut-il cessé de vivre que déjà on s'empressa presque à l'envi d'écrire l'histoire de son règne. L'Allemand Staphylus, le Belge Snoekaert van Scouwenburg, et l'Espagnol Ulloa publièrent, encore dans l'année qui suivit la mort de l'Empereur, des ouvrages, dont les deux premiers surtout ne sont que des panégyriques dans le goût du temps, entremêlés d'anecdotes auxquelles il ne vaut guère la peine de s'arrêter. Deux ans plus tard, en 1561, parut, à Venise, un livre qui, bien que n'étant au fond qu'un résumé rapide et des plus succincts, répond cependant beaucoup mieux aux conditions d'une histoire sérieuse. Son auteur est un noble vénitien, connu aussi comme littérateur, Lodovico Dolce, son titre : *Vita dell' invittiss. e gloriosiss. imperador Carlo Quinto, discritta da M. Lodovico Dolce. In Vinegia, appresso Gabriel Giolito de' Ferrari, MDLXI. In-4°.*

Voici ce que je lis à la page 165 de cet ouvrage :

« Sapeva (Carlo Quinto) benissimo la lingua francese :
» e dicesi che egli, a imitatione di Giulio Cesare, com-
» pose in questo linguaggio alcuni bellissimi commentari
» delle cose da lui fatte, i quali, come odo, hora si tradu-
» cono in latino e si daranno fuori : e cio fece per dimo-
» strare al mondo, che i moderni historici si sono in molte
» cose ingannati. »

Établissons les faits qui se déduisent de ce passage de Dolce. Son livre parut à Venise à la fin de janvier ou au commencement de février 1561; la dédicace au duc Emmanuel Philibert de Savoie est datée du 28 janvier 1561. A cette époque, c'est-à-dire un mois à peu près après la mort de Van Male, on savait donc à Venise que Charles V avait écrit des commentaires, fait jusqu'alors connu d'un très-petit nombre de personnes, que ces commentaires étaient rédigés en français, qu'on les traduisait en latin et qu'ils seraient publiés. Quand on se rappelle le secret qui, jusqu'alors, avait entouré tout ce qui concernait ces mémoires (1), on peut se demander comment des détails si

(1) Dans les Pays-Bas on connaissait si peu leur existence, que Snoekaert van Scouwenburg, qui, dans son ouvrage *De republica, vita, moribus, ges tis, fama, religione, sanctitate imperatoris Caesaris Augusti, Quinto Caroli maximi monarchae,* publié en 1559, s'intitule *Auratae militiae eques, imperatoris Caroli maximi olim, postea Philippi regis Hispa niae consiliarius et bibliothecarius,* pouvait encore, dans une édition de son livre qui parut en 1562, écrire ce qui suit : « Caesar noster Carolus re

positifs aient pu en être connus à Venise. A cette question,
parfaitement autorisée, il n'y a qu'une réponse : c'est que
Van Male lui-même, avant sa mort, ou ses amis, après sa
mort, avaient pris des mesures pour faire paraître à Venise, c'est-à-dire hors de la juridiction du roi d'Espagne,
le premier *Libellus*, je dis le premier *Libellus*, car les mémoires rédigés à Yuste se trouvaient entre les mains de
Philippe II et très-probablement n'existaient plus. Il est
évident que la traduction latine dont parle Dolce n'avait
pu être transmise à Venise que par son auteur, qui était
Van Male, ou par ses amis qui la tenaient de lui.

Mais ce n'est pas tout. Deux mois après la publication de
Dolce, le 5 avril 1561, un autre littérateur de Venise, Giro-
lamo Ruscelli, écrivit à Philippe II une lettre fort longue,
fort intéressante et fort instructive pour nous à plus d'un
titre, dont le but était d'engager le roi d'Espagne à faire
choix d'un historien qui pût écrire l'histoire des princes de
la maison d'Autriche et particulièrement celle de Charles V.
A cet effet, Ruscelli expose au Roi comment, d'après lui,
le futur historien de l'Empereur devait procéder pour
s'acquitter convenablement de sa tâche; il dit, à cette occasion, à Philippe que l'Espagnol Ulloa et l'Italien Dolce
avaient déjà publié des histoires de la vie de Charles, et
qu'en dernier lieu, Bernardo Tasso (le père du poëte) lui
avait montré quelques pages d'une vie de l'Empereur qu'il
venait d'écrire, comme ayant été témoin de beaucoup de
choses faites par Charles dans plusieurs de ses entreprises.

-----

rum suarum nullos scripsit ipse commentarios, Christum et Socratem et
Alexandrum Magnum in hoc imitatus, quanquam, si voluisset, commo-
dius quam ego multa, aut alius quivis id perficere potuisset. — (lib. III,
c. XXXIII.)

« Et vedendo io, continue Ruscelli, ch' egli (Bernardo
» Tasso) molto caldamente s'affatica per condurla a fine,
» l'ho consigliato ad andar lentamente, non già nel venirla
» scrivendo, ma nel darla fuori, allegandoli per ragion
» principale, che essendo egli hora il terzo a scriverla,
» gli si convien far conoscere al mondo d'haverla fatta in
» modo, che si debbia veramente conoscer per altra da
» tutte l'altre. Il che però in cosa tale nè egli, nè altri non
» potrà fare, se non ha copia ò abondanza d'informationi
» delle cose di quel principe, et non sien quelle stesse, che
» son già note, e stampate, ò publiche. Et però gli ho
» ricordate due cose. L'una, che egli stesso il predetto
» imperator Carlo Quinto era venuto scrivendo in lingua
» francese gran parte delle cose sue principali, come già
» il primo Cesare di molte delle sue proprie fece, et che
» s'aspetta di hora in hora d'haverle in luce fatte latine
» du Guglielmo Marinde. L'altra, che in Ispagna si tiene
» ordinariamente un cronista, il quale ha questa parti-
» colar cura di venir giornalmente scrivendo le cose del
» re loro (1). »

Le passage de Dolce avait montré qu'au mois de janvier
1561, la publication de la traduction latine des commentaires de Charles était en voie d'exécution à Venise; celui
de la lettre de Ruscelli prouve que, trois mois plus tard, au
commencement d'avril, on s'attendait à la voir paraître
d'un moment à l'autre. Le nom de l'auteur de la traduction
est encore inconnu à Dolce, du moins il ne le cite pas.
Ruscelli sait ce nom, il l'appelle Guglielmo Marinde, qui

______

(1) Voy. *Lettere di principi, le quali ò si scrivono da principi, ò a
principi, ò ragionan di principi.* Libro primo, terza editione In Venetia,
appresso Giordan Ziletti e compagni. MDLXX, in-4°, f. 221.

n'est autre que notre Guillaume Van Male. Sur le titre de sa traduction de l'ouvrage de d'Avila, Van Male donne lui-même la forme latine de son nom, qui est *Malinaeus*, que les Espagnols changeaient en *Malineo* et dont l'Italien Ruscelli fait *Marinde*.

On le voit, cette mention de Ruscelli lève tout doute sur l'existence du travail de Van Male ; elle explique aussi pourquoi ce travail n'a point été publié à Venise, quoiqu'il soit incontestable qu'il s'imprimait au moment où Ruscelli écrivait sa lettre. Il y a vraiment comme une ironie du sort dans les circonstances qui ont dû en empêcher la mise au jour : les efforts faits à Bruxelles pour s'en saisir restent infructueux, le manuscrit échappe aux investigations de Granvelle, il s'imprime à l'insu et hors de l'atteinte, disait-on, du roi d'Espagne, et lorsqu'il est sur le point de paraître, la malencontreuse confidence de Ruscelli, qui ignorait les recherches faites après la mort de Van Male, vient révéler sa prochaine publication précisément à celui qui, dans l'intérêt de l'histoire, aurait dû l'apprendre le dernier, à Philippe II. Les détails que Dolce en avait donnés ne paraissent point avoir été connus immédiatement en Espagne. La communication de Ruscelli, qui lui était directement adressée, mettait Philippe au courant de tout, et le provoqua, n'en doutons point, à agir, afin d'atteindre à Venise ce qui lui avait échappé à Bruxelles. Et il n'a que trop bien réussi, soit en obtenant que l'impression commencée ne fût pas achevée, soit en faisant acheter et supprimer l'édition entière après son achèvement. Quels que soient les moyens qu'il employa, il est certain que rien n'a paru à Venise ni ailleurs en Italie : les recherches multiples et actives que j'ai faites, en dernier lieu avec l'aide d'un travail bibliographique d'un rare

mérite (1), ne me laissent malheureusement aucun doute
à cet égard. La notice de Ghilini, dans son *Teatro d'huo-
mini letterati*, qui parait affirmer le contraire, est dénuée
de fondement (2).

Si les efforts de Philippe empêchaient l'ouvrage de Van
Male de paraitre, le fait que Charles V avait laissé des
mémoires n'en fut pas moins connu dans les autres pays,
comme il l'avait été d'abord en Italie. En Espagne, Am-
brosio de Morales en parle déjà en 1564, dans une lettre
à Zurita, citée par M. Gachard. En France, Brantôme le
raconte d'après la lettre de Ruscelli, dont le recueil avait
été traduit en français par Belleforest. Cette lettre de
Ruscelli est devenue la source commune et unique dans
laquelle ont puisé les auteurs de recueils d'histoire et de
critique littéraires, qui mentionnent les commentaires de
Charles V, tels que Valère André, Sweertius, Sanderus,
Bayle, Adrien Pars, Lacroix du Maine, Meusel, etc. Tous
reproduisent la notice de Ruscelli sans rien y ajouter.

Mais cette tentative de publier l'œuvre de Van Male à
Venise, est-elle la seule qui ait été faite, ou y a-t-il lieu
de croire qu'on ait encore essayé de la faire paraitre ailleurs? Il existe une affirmation positive, d'après laquelle le

---

(1) Voyez *Bibliografia dell' imperatore Carlo V*, dans l'ouvrage intitulé : *Della venuta e dimora in Bologna del sommo pontefice Cle-
mente VII, per la coronazione di Carlo V imperatore, celebrata
l'anno MDXXX. Cronaca*, etc., pubblicata di GAETANO GIORDANI. Bologna, 1842, in-8°, pp. 115-160.

(2) Voici ce que dit Ghilini, ouvrage cité, vol. 2, p. 50, s. v. *Carlo d'Aus-
tria, imperadore*. « Farò dunque menzione delle opere sue, che publicate,
« accrescono non poca fama al suo per altro celebratissimo nome, e sono
« *Istoria delle cose da lui fatte*, la qual scrisse in lingua francese, ad imita-
« zione di C. Giulio Cesare. »

Libellus aurait été imprimé et aurait paru. Antoine Teissier, historien et littérateur, en dernier lieu historiographe
du premier roi de Prusse et précepteur du père du grand
Frédéric, publia à Genève, en 1686, un recueil bibliographique qui devait faire suite à la Bibliothèque de Labbé,
sous le titre *Catalogus auctorum qui librorum catalogos,
indices, bibliothecas, virorum litteratorum elogia, vitas aut
orationes funebres scriptis consignarunt.* En 1705, parut,
encore à Genève, un *auctuarium* à ce catalogue, et à la
page 56 de cet *auctuarium* se trouve la notice suivante :
*Carolus Quintus scripsit de propria vita libellum, qui pro-
diit Hanoviae* 1602. Cette notice est répétée dans les mêmes termes dans l'appendice de l'*auctuarium*, page 5. Elle
a été reproduite par Foppens, dans son édition de la *Bibliotheca Belgica* de Valère André, et se trouve aussi dans
le recueil manuscrit de Paquot, qui est conservé à la Bibliothèque royale, section des manuscrits. Les deux Mencken,
dans leur *Bibliotheca virorum militia atque scriptis illus-
trium*, en parlent également, mais émettent des doutes sur
sa publication. Voici ce qu'ils disent : « Carolum Magnum
» excipiat Carolus V imperator, qui, ut inter fortissimos
» belli duces optimo jure referendus est, ita inter scrip-
» tores quoque locum obtinet. Ut enim nihil dicamus de
» regulis quibus filium Philippum II instructum voluit,
» anno MDLVII compositis, quas Leti et Teisserius publici
» juris fecerunt, celebrantur vulgo commentarii quos de
» rebus a se gestis gallice eum consignasse ferunt. At eos
» lucem nondum aspexisse proclive est. Etsi enim et Adria-
» nus Pars quendam ejus librum lingua belgica Gandavi
» 1599 fol. prodiisse testetur (1), et Antonius Teisserius

____

(1) C'est une erreur des Mencken. Adrien Pars, *Index Batavicus*, p. 428.

» diserte scribat Caroli Quinti de propria vita libellum
» Hanoviæ a. 1602 prodiisse, adhuc tamen eum in manu-
» scriptis latere nonnullis de causis existimaverim. » Joh.
Vogt, dans son *Catalogus historico-criticus librorum rario-
rum*, reproduit mot à mot l'opinion des Mencken, sans
s'expliquer plus qu'eux sur les motifs de son doute. Il se
contente de dire : *si extant (commentarii), certe rarissimi
sunt.*

A la première vue de la notice de Teissier, je fis à peu
près comme les Mencken, je doutai ; mais un examen plus
approfondi des mentions que cette notice renferme, modifia
bientôt cette première impression, et me porta à continuer
mes recherches. Je dus d'abord me dire que la probité
littéraire, le caractère bien connu de Teissier excluent
jusqu'au soupçon qu'il ait pu inventer cette notice ; il a
pu être induit en erreur par d'autres, mais à coup sûr, en
écrivant les paroles citées, il avait devant lui des preuves
quelconques qui, à ses yeux, mettaient la publication du
Libellus Caroli Quinti de propria vita hors de doute. Puis
ce titre de *Libellus* me frappa. Qu'on veuille bien se rap-
peler que c'est ainsi que Van Male désigne la première
rédaction, le noyau des commentaires de l'Empereur, qu'il
composa en 1550 pendant son voyage sur le Rhin. Or, ce
titre de *Libellus* ne se trouve absolument que dans la lettre
de Van Male au seigneur de Praet, où les circonstances
de la composition du *Libellus* sont racontées, et cette lettre,
ainsi que tout ce qui reste de la correspondance de Van
Male, n'a été publiée qu'en 1843. Teissier ne pouvait donc
pas savoir, en 1705, que Van Male donnait à l'œuvre de

ne parle que d'un recueil de lois, ordonnances, etc., de Charles-Quint, publié à Gand en 1599

Charles V le nom de *Libellus*, et à moins de recourir à un hasard des plus étranges, on ne peut expliquer la mention de ce titre dans sa notice qu'en admettant que la version de Van Male a été réellement imprimée et a paru sous son véritable nom, celui que le traducteur lui donne dès 1550. Mon attention fut encore attirée par la date que Teissier assigne à la publication. Le sort qu'avait eu la tentative de publier à Venise le *Libellus* avait dû rendre fort circonspectes les personnes qui s'en étaient chargées, et on comprend qu'elles n'aient guère songé à faire un nouvel essai, tant que régnait Philippe II. Aussi attendit-on que ce monarque eût cessé de vivre. Il mourut en 1598, et quatre ans après, en 1602, paraît le *Libellus*. Cette date est donc parfaitement expliquée par les faits que je viens de retracer.

Une dernière considération se rapporte au lieu de la publication. Au commencement du XVIIme siècle, il existait des relations d'une nature particulière entre les Pays-Bas et la ville de Hanau. Le suzerain de celle-ci, le comte Philippe Louis II de Hanau-Munzenberg, avait épousé une princesse de Nassau, fille du Taciturne, et connue, dans l'histoire, sous le nom de *Catharina Belgia*. Par suite de ce mariage, il entretenait des rapports nombreux et suivis avec les Pays-Bas, et recevait, dans sa ville de Hanau, beaucoup de personnes que des motifs politiques ou religieux avaient amenées à quitter nos provinces. Un quartier nouvellement construit fut spécialement assigné à ces réfugiés, et le comte, qui donnait des soins particuliers à tout ce qui pouvait relever les intérêts moraux et matériels de ses populations, y avait fondé entre autres établissements une imprimerie dans laquelle s'imprimaient beaucoup d'ouvrages qui ne pouvaient point paraître ailleurs. Dans ces circonstances, on s'explique aisément que le *Libellus*, dont la publication dans les Pays-Bas aurait probablement rencontré des difficultés, même après la mort de Philippe II, ait pu paraître à Hanau.

On le voit donc, le titre, la date de la publication, le lieu de l'impression mentionnés dans la notice de Teissier, s'accordent parfaitement avec les faits inconnus ou inaperçus que j'ai relevés dans ces recherches. Si l'ignorance de ces faits a pu occasionner les doutes des Mencken, leur connaissance a dû me déterminer à persévérer dans les investigations. La question dont je me suis occupé principalement a été celle de savoir si le *Libellus* existe dans les grands dépôts littéraires de l'Europe. Par l'entremise de collègues et d'amis bienveillants, j'ai obtenu que des recherches sérieuses fussent faites dans un certain nombre des bibliothèques publiques les plus importantes; dans d'autres, avec l'assistance de leurs directeurs, j'ai fait moi-même, pendant un voyage récent, ces recherches. Les bibliothèques explorées sont celles du Musée britannique à Londres, la bibliothèque impériale et la bibliothèque Mazarine à Paris, la bibliothèque royale à Bruxelles, les bibliothèques des universités de Gand, Liége et Louvain, la bibliothèque impériale à Vienne, les bibliothèques royales de Berlin et de Munich, les bibliothèques des universités de Göttingue et d'Iéna, la bibliothèque ducale à Wiesbaden et celle de la ville à Francfort-sur-Mein. Partout le résultat fut négatif. Je résolus alors d'aller faire des recherches sur le lieu même de la publication. Je me rendis d'abord à Francfort pour compulser les catalogues des grandes foires de livres qui, au XVIIme siècle, y avaient lieu deux fois par an, au printemps et en automne, et dont la bibliothèque de cette ville possède une complète et précieuse collection (1). J'ai consulté ceux des années 1601, 1602, 1603, 1604. J'acquis la certitude que le *Libellus* n'y est point annoncé, ce qui permet de conclure que s'il a été imprimé, il n'a pas été mis en vente. Je continuai ensuite mes investigations à Hanau même, d'abord à la bibliothèque du gymnase, fondé par le comte Philippe-Louis II : je n'y trouvai rien. M. le premier bourgmestre Cassiani voulut bien faciliter avec l'empressement le plus obligeant mes recherches dans le dépôt de la ville, et m'indiqua en même temps M. le métropolitain Calaminus comme pouvant le mieux me guider dans ces explorations locales. Ce savant, que distinguent de rares connaissances littéraires et historiques, me fournit des indications fort utiles et m'assura son actif concours. Mais jusqu'ici, tous nos efforts sont restés stériles : aucun vestige du *Libellus* n'a pu être constaté à Hanau. Toutefois une dernière recherche se fait dans ce moment. Si le *Libellus* a été imprimé à Hanau, un exemplaire en a dû être déposé dans la bibliothèque du comte. La ligne des comtes de Hanau-Munzenberg étant venue à s'éteindre quelque temps après la mort de Philippe-Louis II, la bibliothèque de celui-ci, comprise parmi les biens allodiaux, a suivi la partie allodiale de l'héritage échue à la branche actuellement grand-ducale de la maison de Hesse. Il s'agit de rechercher si cette bibliothèque n'a point été dispersée, et

---

(1) Ces catalogues, dont l'importance pour l'histoire littéraire est très-grande, portent le titre suivant : *Catalogus universalis pro nundinis Francofortensibus vernalibus (auctumnalibus) de anno 1601, etc., hoc est :* « Designatio omnium librorum qui istis nundinis vel novi, vel emendatiores, » vel auctiores prodierunt. *Francoforti permissu superiorum excudebat Joannes Saur. In-4°.*

si, dans le cas où elle aurait été conservée entière, un exemplaire du *Libellus* s'y trouve.

Mais, me dira-t-on, pourquoi tant insister quand l'absence de toute trace du *Libellus* dans les plus grands dépôts littéraires de l'Europe ne montre que trop que la notice de Teissier est apocryphe; et, fût-elle exacte, comment expliquerez-vous qu'un livre de cette importance, s'il a réellement existé, ait pu disparaître aussi complétement? On me permettra de ne pas me rendre d'emblée à cette objection; il y a une explication qui y répond. N'est-il pas possible que le gouvernement espagnol ait eu connaissance de la publication qui se préparait à Hanau, et si Philippe III pensait, à l'égard des mémoires de Charles V, comme Philippe II, n'a-t-il pas pu faire prendre des mesures pour empêcher la propagation du livre, comme son père l'avait fait lors de la tentative de Venise dont parlent Dolce et Ruscelli? Et si cela est ainsi, ne se peut-il pas que l'un ou l'autre exemplaire du précieux ouvrage ait échappé à la suppression du reste? Je sais bien que ce ne sont là que des conjectures. Mais placé, comme je le suis, entre la nécessité de croire que, par un effet des plus extraordinaires de divination, on ait su, en 1705, ce qui n'a été connu que de nos jours, ou d'admettre que la notice de Teissier est vraie, mes conclusions sont: de chercher et de chercher toujours, jusqu'à ce qu'on ait trouvé.